NOTICE

SUR

C. M. JACQUARD,

ASSOCIÉ VÉTÉRAN DE LA SOCIÉTÉ ROYALE D'AGRICULTURE,

HISTOIRE NATURELLE ET ARTS UTILES DE LYON,

LUE EN SÉANCE PUBLIQUE LE 12 SEPTEMBRE 1836,

Par L. F. Grognier,

Secrétaire-général.

Imprimée par les ordres de la Société.

LYON,

IMPRIMERIE DE J. M. BARRET.

—

1836.

NOTICE

SUR

C. M. JACQUARD,

ASSOCIÉ VÉTÉRAN DE LA SOCIÉTÉ ROYALE D'AGRICULTURE, HISTOIRE
NATURELLE ET ARTS UTILES DE LYON,

Par L. F. Grognier,

Secrétaire de cette Société.

———

MESSIEURS,

CHARLES-MARIE JACQUARD naquit à Lyon, le
7 juillet 1752. Son père, Jean-Charles Jacquard,
était maître-ouvrier en étoffes d'or, d'argent et de
soie. Antoinette Rive, sa mère, était liseuse de
dessins pour ces étoffes (1). Son aïeul fut Jean-
Charles Jacquard, tailleur de pierres à Couzon,
village situé sur les bords de la Saône, à deux
lieues de notre cité. Son père, qui le destinait à

l'honorable profession d'ouvrier en soie dans laquelle il excellait, ne croyait pas que pour monter sur le métier, l'instruction dans les lettres, même la plus élémentaire, fût utile. C'était l'idée de l'époque, et n'ont pas encore renoncé à cette idée des hommes qui se traînent en arrière du siècle. L'enfant, abandonné à lui-même, passait son temps à construire en bois de petites maisons, de petites églises avec leur mobilier; c'est ainsi qu'au sortir du berceau se décélait dans cet homme providentiel l'instinct sublime de la mécanique, qui, sans le secours des sciences, devait enfanter des prodiges et changer la face de l'industrie. L'enfant avait à peine dix ans, quand il perdit sa mère; c'est en vain qu'il supplia son père de lui faire donner quelqu'instruction. Le vieillard crut devoir le laisser dans l'oisiveté, jusqu'au moment où ses forces musculaires furent assez développées pour entrer en apprentissage. L'enfant répugnait invinciblement à la profession du tissage, dont il devait un jour perfectionner les procédés : c'était, sans doute, l'effet d'un dégoût instinctif pour des machines qui lui semblaient lourdes, grossières et fatigantes. Il se réfugia chez un de ses parens, M. Barret, imprimeur-libraire, où il fut employé à brocher et à relier des livres. Bientôt, réconcilié avec son père, qui lui avait permis la profession, plus avantageuse qu'aujourd'hui, de relieur de livres, il gémissait en voyant l'auteur de ses jours gagner si péniblement son pain; il songeait sans cesse à la possibilité de simplifier ces machines si compliquées, d'alléger le sort si malheureux des ouvriers qui les fesaient agir. Déjà fermentait dans son sein le germe d'une grande découverte, et il avait puisé ce germe fécond dans la piété filiale. Il avait atteint sa vingtième année, quand son père mourut. Quelque argent lui étant échu, il flotta entre une boutique de relieur et un atelier de tissus façonnés; le second parti prévalut, et l'entreprise fut malheureuse: cela devait être ainsi. Déjà le jeune Jacquard songeait moins à son inventaire qu'au perfectionnement de son art. Il avait épousé la fille d'un armurier, nommé *Boichon*, qui passait pour riche; on promit une dot qu'on ne paya pas: des procès furent intentés, Jacquard les perdit; et, au lieu de faire supporter à sa femme, comme c'est assez l'ordinaire, les injustices de la famille à laquelle il s'était allié, il aima davantage la compagne de sa vie; elle était, il est vrai, un modèle de douceur et de bonté. Jacquard vendit pour payer ses dettes une maisonnette, berceau de sa famille, sise à Couzon. Il ne lui resta rien ensuite, sinon toutefois une épouse chérie, et un aimable enfant, fruit de leur union. Il chercha dans la mécanique, non des moyens de fortune et de célébrité , mais seulement d'existence ; il inventa des machines pour les couteliers , d'autres pour les imprimeurs. Il trouva des ressorts propres à simplifier le montage des métiers ; il rendit d'autres services à l'industrie , tout en restant pauvre et ignoré. Il se vit réduit à accepter un chétif emploi dans une carrière de plâtre , exploitée dans le Bugey ; sa femme resta à Lyon , pour diriger une petite fabrique de chapeaux de paille communs.

C'était vers le commencement de la révolution ; Jacquard en avait embrassé les principes avec enthousiasme. Bientôt, il s'indigne de tant de crimes commis au nom de la liberté ; il vole à sa ville natale , sur les remparts de laquelle flottait le noble étendard de la résistance à la tyrannie : on le vit avec le grade de sous-officier aux postes avancés , ayant à côté de lui son fils unique , âgé de quatorze ans.

La ville héroïque a succombé : les vainqueurs s'enivrent de sang : Jacquard est caché. Son fils, qui, à la faveur d'une extrême jeunesse , peut circuler sans danger parmi les ruines de Lyon , se présente à son père au milieu de la nuit : *Partons* , lui dit-il, *sans délai, on a découvert ton asile ; je viens de m'enrôler , de t'enrôler aussi : voilà les deux feuilles de route , allons rejoindre un régiment en marche sur Toulon.* Le lendemain ,

à l'aube du jour , des sbires révolutionnaires pé-
nétraient dans la retraite vide de Jacquard.

Il servit avec son fils dans le régiment de
Rhône-et-Loire. On le nomma membre du Conseil
de discipline , et , en cette qualité , il avait la
surveillance d'un certain nombre de disciplinaires
prisonniers dans un petit village , près d'Haguenau.
Tout-à-coup tonne le canon : *Camarades* , dit
Jacquard, *qui m'aime me suive ; je promets rémis-
sion à ceux qui iront demander des fusils pour
se battre*. Tous suivirent , se battirent et furent
graciés.

Jacquard avait pris goût à la vie militaire : il
était français , et tout français est soldat; mais la
fermeté de son caractère ne put résister au coup
du sort le plus terrible. Son fils chéri, l'enfant le
plus aimable , est frappé à côté de lui ; il n'était
pas tout-à-fait mort : son père infortuné obtint de
le suivre de l'ambulance à l'hôpital militaire, où
il le vit expirer lentement dans ses bras.

Jacquard, qui, à raison de son âge, ne pouvait
être que volontaire sous les drapeaux , demande
à les quitter; c'est en vain qu'on lui offre des
grades , il retourne tristement à la terre natale.

La grande manufacture de Lyon cherchait péniblement alors à sortir de ses ruines (2). Ce
n'était pas le moment de proposer des inventions
utiles. Toujours pauvre, toujours ignoré , Jac-

quard songeait toujours au perfectionnement de la machine à tisser les étoffes façonnées. C'était surtout ce malheureux ouvrier subalterne , véritable outil animé , connu sous le nom de *tireur de lacs*, qu'il s'agissait de supprimer. Un plan était tracé dans son cerveau puissant ; mais pas la moindre ressource pécuniaire pour le réaliser. Des négocians et des ouvriers se cotisent : la machine est créée ; des mains généreuses fournissent à son auteur les moyens de la présenter à l'exposition des produits de l'industrie nationale. C'était dans les jours complémentaires de l'an IX (septembre 1801); à la suite de cette grande solennité de l'industrie , des médailles d'or furent prodiguées à des inventions qui , depuis long-temps , sont oubliées , et la machine Jacquard obtint la dernière médaille de bronze.

Vers le même temps , un brevet d'invention est demandé en faveur de cette machine ; on l'obtient pour dix ans (3). Jacquard néglige de l'exploiter. L'année suivante , nivose an X (janvier 1802), le premier Consul présidait , à Lyon , la Consulta cisalpine ; ce grand événement avait attiré dans nos murs une foule de savans et d'artistes étrangers. En visitant les curiosités lyonnaises , ils n'oublièrent pas l'humble atelier de Jacquard, et dès-lors commença la réputation européenne du mécanicien lyonnais (4).

Peu de temps après, l'autorité municipale accorde à Jacquard un logement au Palais des Arts, à St.-Pierre, sous la condition, quelque peu exigeante, d'instruire de jeunes ouvriers, sans exiger d'eux aucune rétribution. Il fit quelques avances, pour construction de modèles, qui n'ont jamais été remboursées. Tout entier à son école pratique, à son atelier créateur, il semblait avoir oublié son brevet d'invention : jamais le mépris de l'or ne fut poussé si loin. Après avoir logé deux ans au Palais des Arts, Jacquard fut appelé à Paris ; voici à quelle occasion : La Société des arts de Londres avait promis une récompense immense à l'inventeur d'une mécanique propre à fabriquer des filets de pêche maritime, et la Société française d'encouragement avait mis la même question au concours. Jacquard voulut concourir, non pour le million britannique, mais pour la médaille française ; il fut mécontent de ses efforts, et le fruit de son travail gissait oublié dans un coin de son atelier. Un ami l'y découvre, le porte au Préfet qui, d'office, l'envoie à Paris ; et, comme Jacquard se souciait fort peu de suivre à Paris ce qu'il appelait un paquet de cordes, il y eut ordre de l'amener aux frais du trésor, et même, dit-on, un gendarme fut placé dans la chaise de poste. Il eut beau dire qu'il ne croyait pas avoir résolu le problème, la Société d'encouragement en jugea différemment : elle lui décerna sa grande médaille d'or, le 14 pluviose an XII (2 février 1804) (5). Il est placé, comme pensionnaire, au Conservatoire des arts et métiers, et pour le vivre et le couvert; il invente, il restaure un grand nombre de machines, telles que des métiers à la barre, pour fabriquer des rubans-velours à deux faces; d'autres métiers pour tisser le coton à double, à triple navette, etc. C'est pendant son séjour au Conservatoire qu'il voit, pour la première fois, les débris de la machine à tisser de Vaucanson. Le mécanicien célèbre avait répudié cette œuvre de ses mains; ayant dédaigné d'en tracer le plan, d'en écrire la description, comme il avait décrit son canard, son flûteur, et autres productions de son génie; on avait monté et démonté mille fois cette machine de tissage, sans pouvoir la faire fonctionner. Abandonnée définitivement, ses pièces étaient éparpillées dans les greniers de rebut, plusieurs étaient perdues.

Jacquard s'offre à recréer une machine dont il avait confusément ouï parler. C'était en 1804, et cependant, dès 1801, il avait, pour la machine qui porte son nom, obtenu un prix et un brevet d'invention. N'a-t-on pas néanmoins répété mille fois que c'était la vue de la machine à tisser de Vaucanson qui lui avait inspiré la sienne? et, moi-même, n'ai-je pas partagé cette erreur? Je ne savais pas que les débris de la machine Vaucanson n'étaient pas sortis du Conservatoire parisien, et que Jacquard y entra pour la première fois, trois ans après avoir fait paraître la sienne (6).

Cependant Jacquard se met à l'ouvrage pour recréer la machine de Vaucanson; il y parvient, et il s'assure que pour établir un seul métier de tissage d'après ce système, il ne faudrait pas moins de dix mille francs; que ce métier, fort élégant en apparence, fonctionnait lentement, à cause du nombre excessif de ses frottemens; qu'il ne pourrait, enfin, exécuter que des dessins fort courts.

Entouré des égards les plus attentifs et des témoignages de la plus haute estime, Jacquard coulait des jours heureux au Conservatoire des arts et métiers de Paris. Il est vivement réclamé par sa ville natale; il délibére long-temps, et finit par céder. Toutefois, il ne partit pas sur-le-champ, ayant besoin de puiser, aux Gobelins, des données pour l'établissement des ateliers de charité, dont on voulait lui confier la direction : il avait proposé la fabrication des tapis en laine, dont les opérations nombreuses pouvaient être exécutées par des mains novices et grossières.

Tout en étudiant les procédés des Gobelins, il trouva les moyens de les perfectionner.

Il revit la terre natale au commencement de l'an XIII (1804), et il fut installé à l'hospice de l'Antiquaille. Ainsi, le prytanée qui lui fut accordé était un hôpital-prison, réceptacle des vices hideux, des maladies honteuses. Il y avait quelque bien à faire, Jacquard ne refusa pas cette triste résidence; mais, pour y monter des métiers à tapisserie, il lui fallut emprunter à plusieurs fabricans des ustensiles et des agrès; il était trop pauvre, et l'Administration de l'Antiquaille n'était peut-être pas assez riche pour les acheter.

Le grand mécanicien était à la tête de son humble enseignement industriel, lorsque fut rendu le décret impérial qui devait fixer sa modique destinée. Ce décret, daté de Berlin, le 27 octobre 1806, autorise l'administration municipale de Lyon à accorder à Jacquard une pension viagère de trois mille francs, dont la moitié reversible sur la tête de Claudine Boichon, son épouse. Au moyen de cette pension, Jacquard cédait à la ville toutes ses machines et toutes ses inventions; il s'obligeait à consacrer tout son temps et tous ses travaux au service de la ville, et à la faire jouir de tout perfectionnement à ses précédentes inventions. Ainsi, pour une pension de mille écus, la ville acquérait les fruits des

travaux passés, présens et futurs de Jacquard;
elle devenait la propriétaire absolue de son génie (7). Jacquard était placé à l'Antiquaille où,
pour le vivre et le couvert, il dirigeait des ateliers
qui eussent pu l'être par le premier maître-ouvrier de tissage; et la ville s'était réservée le
droit de réclamer ses services, toutes les fois
qu'elle les jugerait utiles pour les établissemens
communaux. Ainsi deux administrations, entre
lesquelles une immuable harmonie n'était pas
trop facile, avaient droit sur Jacquard; il était
condamné à servir deux maîtres. *Un peu trop de
zèle* (c'est lui qui parle) *à travailler pour les
ateliers de fabrique, m'attira des reproches de
l'Administration de l'Antiquaille, qui m'accusa
de négligence, et qui, plus tard, me fit déguerpir.*

En sortant de l'Antiquaille, Jacquard revint
dans les appartemens exigus qu'il avait déjà occupés au Palais St.-Pierre; il y resta seulement
quelques mois. L'Administration du Musée lui
ayant fait signifier qu'elle avait besoin de ce logement, alors il alla s'établir dans l'un de ces
quartiers éloignés du commerce et du bruit, où
les loyers sont à bas prix; c'était en 1807. Vers
cette époque, sur le rapport du savant Thabard,
il lui fut décerné par l'Académie de Lyon une
médaille fondation Lebrun, et c'était pour la première fois que cette Compagnie remplissait la

noble mission que lui avait confiée le prince architrésorier de l'empire (8).

Après avoir perfectionné sa machine, il chercha à la placer dans les ateliers; il réussit faiblement. L'empereur lui avait accordé une prime pour chacun de ces métiers mis en activité, et quelques centaines de francs ont été le seul fruit de l'auguste munificence. Il fut plus heureux, au concours de la Société d'encouragement pour l'industrie nationale : elle avait proposé un grand prix pour le tissage; Jacquard se présente au concours sur une invitation, j'ai presque dit une ordre ministériel qu'avaient sollicité les amis du plus simple des hommes. Sa machine fonctionna sous les yeux d'un jury, au château impérial de St.-Germain; il remporta le grand prix. Tout autre que lui se fût hâté d'aller exploiter cet éclatant succès dans sa ville natale; il resta à Paris : il y mûrit le projet d'une manufacture de tapisseries à fonder à Lyon, où il revint en 1808. Il trouve quelqu'argent à emprunter; on lui prête des ustensiles : un local est mis à sa disposition; des négocians lui font des offres; on fabrique des échantillons, et voilà que les négocians retirent leur parole, et le métier est mis sous clé. Cependant un riche manufacturier de Rouen vint lui faire des propositions brillantes, s'il veut transporter dans cette ville, avec ses talens, le métier

de tapisserie. Jacquard objecte son traité avec la
ville ; le manufacturier s'adresse au Ministre, qui
écrit au Maire pour l'engager à renoncer à ce
traité malheureux : le Maire était M. de Satonnay ;
il défendit à Jacquard de quitter la ville , et Jacquard obéit.

Cependant un brevet d'invention est plus tard
obtenu pour fabrication de tapisserie; on l'exploite
avec grand profit : Jacquard reconnaît son système , ses procédés; il se plaint , on est sourd à
ses plaintes.

Ce n'est pas la seule fois qu'on ait mis à profit
sa bonhomie : on ébauchait des sociétés , on com-
mençait des opérations , on en pressentait les
succès; l'un avait apporté dans le fonds social son
génie , les autres de l'argent : on n'avait pas pu
s'entendre; l'association était rompue , et , peu
de temps après , survenait un brevet d'invention en
faveur des seuls hommes de l'argent. Plusieurs
fois on persuada au bon Jacquard ainsi dupé de
s'adresser aux tribunaux, et toujours il fut évincé.

D'un autre côté , les ouvriers mettaient à exécution , pour leur propre compte , les modèles
qu'il leur fournissait ; ils fesaient de bonnes affaires : « Tant mieux, disait Jacquard , s'ils sont
devenus riches; il me suffit d'avoir été utile à
mes concitoyens , et d'avoir mérité quelque part
à leur estime. »

Quelque part à leur estime ! Combien , avec
moins de titres, se seraient crus des droits à leur
amour et à leur admiration ! Jacquard eut, sans
doute , des amis et des admirateurs ; mais , en
sa qualité d'homme supérieur , de philanthrope
éminent , les adversaires et les détracteurs ne lui
manquèrent pas : il est si rare de pouvoir impu-
nément reculer les limites des idées , concourir
au bonheur des hommes ! On ne voulait voir dans
sa machine originale qu'un plagiat , une copie
servile des métiers , tantôt de Falcon , tantôt de
Vaucanson. Cette machine fut , ici , réputée
inapplicable , là , d'une application funeste; des
tisseurs , pour la décrier , furent inhabiles et
maladroits avec intention : ils gâtèrent des étoffes
par calcul; un plus grand nombre d'ouvriers , ne
voulant ni ne pouvant en dissimuler la puissance,
la représentèrent comme le fléau de la fabrique.
Elle avait, disait-on, supprimé des ouvriers , créé
des mendians , annulé l'habileté individuelle des
tisseurs , fourni à l'étranger les moyens de riva-
liser notre belle industrie ; que ne disait-on pas ?
Le nom de Jacquard fut maudit; sa vie fut menacée , dit-on : sa machine fut expulsée avec dédain , avec fureur , de plusieurs ateliers. L'Administration communale , au mépris d'un décret
impérial , crut devoir faire disparaître de son
budget la pension d'un industriel *devenu inutile*,

et cette pension chétive était le seul moyen d'existence de Jacquard.

Ils se font encore entendre dans nos murs ces reproches, amers autant qu'injustes, contre une machine que les étrangers ont, depuis longtemps, proclamée un chef-d'œuvre du genre industriel. Dois-je en faire l'apologie? Mais, auparavant, n'ai-je rien à dire aux ennemis de toute machine nouvelle appliquée à l'industrie? Pour ces esprits systématiquement chagrins, la haine pour le métier-Jacquard est toute naturelle; mais prétendent-ils arrêter la marche de l'esprit humain? Diront-ils au génie de l'industrie : Tu n'iras pas plus loin, voilà la borne où doit s'arrêter l'orgueil de tes inventions; ce serait pour le malheur de l'humanité qu'elles franchiraient cette étroite limite? Ce stupide langage, on a dû le tenir après chaque invention. Quels cris de fureur ont dû pousser les copistes des livres, après la découverte de l'imprimerie! Que de gémissemens parmi les faiseuses de bas à l'aiguille, quand les métiers à faire des bas furent mis en fonction! Les dévideurs et les dévideuses de la soie ont-ils pardonné à Belli sa puissante machine pour le dévidage? Et Watt, qui a eu la gloire d'appliquer la vapeur à tant d'opérations industrielles, n'a-t-il pas encouru la haine des ouvriers dont il supprimait les bras impuissans? Cependant il existe, de nos jours,

2.

vingt fois plus d'imprimeurs qu'on ne voyait de copistes avant Guttemberg; il n'y a pas moins d'ouvriers des deux sexes dans les ateliers de manufacture de bas et de dévidage de la soie, que ces deux genres d'industrie n'en occupaient autrefois. La fabrication des machines à vapeur, leur gouvernement, la préparation des masses énormes soumises à leur action puissante, l'emmagasinement et le transport de leurs produits innombrables, occupent plus de bras qu'elles n'en ont momentanément paralysés.

Que l'on jette les yeux sur les tableaux de la statistique, et l'on s'assurera que le nombre des ouvriers augmente dans une cité manufacturière, à mesure que les machines se multiplient et se perfectionnent dans son sein. Lyon, au commencement du dernier siècle, ne comptait, d'après le témoignage de M. l'intendant d'Herbigny, que 6,000 métiers; elle en possédait 15,000 peu de temps avant la révolution, au rapport de Roland de la Platière; et, dans cet intervalle, que de machines avaient été créées ou perfectionnées (9)!

C'est aux façonnés, dans lesquels l'or se marie souvent à la soie, et qui peuvent offrir des dessins aussi purs, aussi élégans que ceux que le pinceau imprime sur la toile, c'est à ces riches tissus que Jacquard avait consacré sa machine

admirable (10). Cette fabrication a-t-elle diminué
dans notre cité, depuis l'adoption du métier-
Jacquard? Non, sans doute : 14,780 métiers de
tout genre battaient dans nos murs en 1788; sur
ce nombre, 240 seulement, c'est-à-dire environ
un soixantième, produisaient des étoffes façonnées; nous possédons aujourd'hui plus de 30,000
métiers, soit dans l'intérieur de nos murs, soit
dans les faubourgs, que notre industrie a chan-
gés en villes, soit dans les campagnes, qu'elle a
envahies jusqu'à une très grande distance; sur
ce nombre, en compte-t-on moins d'un tiers,
c'est-à-dire de 10,000 pour le façonné? Rédui-
sez, si vous le voulez, cette proportion, et il
restera toujours pour constant que, depuis cinquante ans, le nombre des métiers façonnés a
plus que décuplé chez nous. Jacquard a éliminé
de chaque métier un individu, outil grossier,
nommé *tireur de lacs*, pour le remplacer par un
ressort savant; mais, après cette élimination, il
reste encore cinq fois plus d'ouvriers qu'autrefois
employés aux façonnés.

Songez, Messieurs, que ce genre de fabrication est tout-à-fait lyonnais; il ne saurait nous
échapper, tandis que l'uni peut fuir loin de nous.
Ce n'est que pour l'uni que nous avons à craindre
la concurrence de la Suisse, de l'Allemagne, de
la Russie, surtout de l'Angleterre; mais que nos

rivaux s'emparent du métier-Jacquard, et ils l'ont déjà fait depuis long-temps, pourront-ils nous enlever l'imagination brillante et inépuisable de nos fabricans, les talens si purs et si variés de nos dessinateurs, l'habileté savante de nos tein-turiers, l'adresse toujours docile, toujours sou-tenue de nos tisseurs, l'antique loyauté de nos commerçans? Voilà ce qui maintiendra à tout jamais sur notre place la magnifique industrie du façonné, et cela malgré les efforts toujours renaissans que pourraient faire nos rivaux pour nous enlever l'œuvre immortelle de notre Jac-quard (11).

L'industrie lyonnaise du façonné, qui doit tant à Jacquard, n'est pas encore parvenue aux limites de son développement; les procédés de fabrica-tion, que cet éminent industriel a rendus si ra-pides, si économiques, si élégans, peuvent se perfectionner encore; leur prix étant diminué de plus en plus, ils pourraient être plus accessibles aux médiocres fortunes. La mode, toujours chan-geante, toujours capricieuse, en exigera sans cesse de toutes les structures, de toutes les for-mes, de toutes les couleurs. Vous le savez, Messieurs, plus on demande à une industrie, plus, en augmentant ses bénéfices, elle diminue ses prix, et la diminution des prix provoque la consommation, qui fait produire à son tour :

rotation qui excite l'imagination, qui anime le travail, et fait jaillir de toutes parts le bien-être et les jouissances : rotation heureuse, dont les perturbations sont presque toujours des erreurs ou des iniquités gouvernementales.

Des momens arrivent où, pour les besoins de l'humanité, la roue de l'industrie, qui entraîne dans ses mouvemens une grande partie des destinées humaines, doit éprouver dans son jeu quelque grand changement ; alors apparaissent des hommes providentiels, avec la mission d'imprimer cette action nécessaire. Jacquard fut un de ces hommes ; s'il ne fût pas venu à l'époque où nous vivons, il se fût présenté plus tard sur la scène de l'industrie ; s'il n'était pas né dans nos murs, il eût pu venir au monde à Londres, à Philadelphie ou à Calcutta. O vous, qui regardez comme un malheur pour Lyon les inventions industrielles de Jacquard ! eussiez-vous mieux aimé qu'elles eussent surgi dans une contrée rivale de l'industrie lyonnaise ? D'un autre côté, soyez de bonne foi, les branches d'industrie, étrangères au tissage du façonné, sont-elles desséchées depuis l'adoption du métier-Jacquard ? Le nombre des métiers de l'uni est-il moindre ? l'honorable population de nos tisseurs a-t-elle diminué ? les inventaires de nos habiles négocians sont-ils moins riches ? Lyon jette-t-il de moindres valeurs dans la balance commerciale de la France?

Il est vrai que le métier-Jacquard ne se borne pas au tissage du façonné ; l'auteur lui-même a su l'appliquer, non seulement à la fabrication des autres soieries, mais encore à celle des étoffes de laine, de coton et même de crin. On peut fabriquer avec ce métier des étoffes rivales des plus belles productions de la célèbre manufacture des Gobelins. Le métier-Jacquard fonctionne dans les fabriques de draps de Paris et de Rouen, de Birmingham et de Manchester. C'est ainsi que Jacquard ramena au même principe la fabrication de toute espèce de tissus. Étranger aux premières notions des mathématiques, il sut calculer avec précision l'action des leviers, la résistance des frottemens ; il sut manier d'une main habile les forces de la nature (12).

On lui doit une grande amélioration dans le sort des travailleurs industriels. Représentez-vous ces anciens tisseurs au milieu de ces amas confus d'outils, de ressorts, de cordes, de pédales de toutes formes, de toutes dimensions, se détraquant à chaque instant; l'ouvrier principal, mal-assis sur une escabelle, agitant les pieds en tout sens, pour fouler les marches, élevant ou abaissant ainsi les fils dont devait se former le fond de l'étoffe, lançant sa navette au milieu de ces fils et de ceux que fesaient lever, à sa voix et d'après le dessin, un ou deux ouvriers, nommés *tireurs de lacs*, parce qu'ils avaient pour office de tirer des ficelles. Ces malheureux gardaient, de même que d'autres ressorts, heureusement inanimés, la même attitude pendant des journées entières ; leurs membres se tordaient, se déformaient, se rabougrissaient ; et, comme ce jeu, purement mécanique, exigeait peu de force, on y appliquait de pauvres filles, de malheureux enfans ; un grand nombre succombaient à ce métier barbare, les autres traînaient une débile existence, beaucoup trop la propageaient.

Les ouvriers sur l'uni, quoique beaucoup moins torturés, travaillaient péniblement ; de là une génération chétive qui a disparu : elle a fait place à une race de tisseurs robustes, intelligens ; grâce à Jacquard, il n'y a plus de canuts à Lyon (13).

Jacquard coula paisiblement ses dernières années ; sa pension modique, mais suffisante pour des besoins plus modiques encore, lui avait été rendue ; le métier qui, dans tout le monde industriel, porte son nom, avait été accueilli honorablement, non seulement dans les ateliers de façonnés, mais encore dans un grand nombre d'autres de divers tissus. Un arrangement de famille l'avait rendu usufruitier, à Oullins près Lyon, d'une maisonnette accompagnée d'un jardinet plein d'agrément et entouré du plus riant paysage. C'est dans ce lieu que Thomas, de l'Académie française, était venu jadis chercher le repos et la santé, et où il avait exhalé son dernier soupir dans les bras de son confrère et ami, M. de Montazet, archevêque de Lyon.

Jacquard fut fréquemment visité dans son modeste asile par ces colporteurs d'album, qui suivent avec soin les traces éparses des célébrités contemporaines en tous genres. Jacquard, en les recevant, ne pouvait revenir de son étonnement. En effet, tandis que tant de petits savans, de littérateurs légers, d'artistes obscurs, se croient arrivés à la gloire, celui qui avait agi si puissamment sur l'industrie de l'univers se croyait presqu'inconnu. On le trouvait, tantôt en habit de paysan, arrosant ses potagers, tantôt sous son humble toit, écossant ses légumes, ou assis à table, en face d'un mets unique et grossier (14).

Tel fut cet homme providentiel. Il mourut dans les bras de la religion de ses pères, le jeudi 7 août 1834. En apprenant sa mort, les tisseurs en laine de Rouen placèrent, sur les métiers-Jacquard, des crêpes funèbres! Je ne sache pas que d'autres honneurs aient été rendus à sa mémoire : on croirait que la postérité n'a pas encore commencé pour lui (15)!....

NOTES.

✻

(1) Le liseur ou liseuse de dessin, dont l'emploi dispendieux a été, en très grande partie, supprimé par Jacquard, est chargé d'indiquer à celui qui monte le métier le nombre de lignes noires auxquelles doivent répondre les fils de la chaîne dans un espace convenu, en expliquant si c'est du fond ou de la figure.

(2) Lorsqu'après les désastres de Lyon, la Convention eut quelque velléité de relever l'industrie dans *Commune-Affranchie*, elle y envoya Vandermonde, homme d'un profond savoir, et l'un de ses membres. C'était en novembre 1794. Il y trouva 95,000 âmes, tandis que le recensement de 1791 en avait porté la population à 145,000. Ainsi 50,000 Lyonnais avaient péri tragiquement, ou ils étaient alors fugitifs. Vandermonde déclara que tel était l'avantage de la position de Lyon, que le commerce devait s'y rétablir de lui-même; il n'en représenta pas moins, comme obstacles à ce prompt rétablissement, 1.° les erreurs sur les assignats; 2.° les effets de la guerre générale; 3.° ceux du siége de Lyon; 4.° l'incohérence dans la fixation du *maximum*; 5.° enfin, l'abus des réquisitions.

Vers le même temps, les représentans du peuple, à

Lyon, Dupuy et Reverchon, écrivaient au Comité de salut public : « Nous vous soumettrons nos vues pour » démocratiser le commerce de cette ville ; il peut se » relever et devenir encore d'un grand poids dans la » balance générale de nos échanges avec l'étranger. » L'Europe entière jalouse les fabriques de Lyon ; » les tyrans d'Espagne, d'Autriche, de Prusse et de » Russie firent d'immenses sacrifices pour les trans- » porter chez eux ; mais, soit que les eaux pour les » teintures, soit que le naturel de leurs esclaves, ou » le climat, fussent peu favorables à ce genre d'in- » dustrie, il est certain que tous leurs efforts ont été » inutiles. Londres est à peu près la seule ville qui » ait obtenu quelques succès. — Ne nous dissimu- » lons pas que Pitt n'ignorait point combien le peuple » dégradé qu'il gouverne serait flatté de la destruc- » tion d'une ville dont Londres s'efforçait vainement » d'égaler l'industrie. — La réorganisation du com- » merce est ici réclamée par des circonstances impé- » rieuses. — Près de dix-huit mois sans travail, ou » sans autre travail que des démolitions. Trois à quatre » cent mille livres de dépense par décade. Il faut que » la dépense cesse : le trésor public ne peut long- » temps fournir ; il est de nécessité que les ouvriers » rentrent dans leurs ateliers. — D'après notre plan, » Commune-Affranchie se verra encore délivrée de » ces funestes sangsues de l'industrie, des commis- » sionnaires et des marchands de soie ; il n'y aura » plus de grands capitaux dans les mains de personne ; » ainsi plus d'agiotages et d'accaparemens ; le fabri- » cant achètera directement ses soies de celui qui les » récolte, et il les revendra de même. »

Ce système, d'après lequel seraient éliminés de la grande fabrique lyonnaise et commissionnaires et

marchands de soie, pour supprimer de riches et peut-
être inutiles intermédiaires entre les producteurs et
les véritables manufacturiers, a été reproduit mille
fois, notamment par le savant industriel M. Charles
Dupin. Ce n'est pas le moment d'examiner ce système. .

Quoi qu'il en soit, ce ne fut pas immédiatement
après la mission de Vandermonde et celle de Reverchon et Dupuy que renaquit l'industrie à Lyon ; mais
seulement au moment où fut rapporté le décret révo-
lutionnaire qui assimilait aux émigrés les fugitifs de
Lyon. Alors seulement on vit rentrer à la ville natale
une foule d'honorables industriels qui s'étaient, en
désespoir de la fortune de la patrie, établis en pays
étrangers, où ils avaient rencontré de grands avantages. Parmi eux nous citons MM. Germain, Gaillard,
Rey, Richard, Margaron, et par-dessus tous M. Saint-
Olive, qui avait formé à Zurich un établissement
immense, et qui brisa ses ateliers pour rapporter à
Lyon ses grands capitaux et sa puissante industrie.
Honneur à ces bons Français, à ces Lyonnais dignes
de ce beau nom ! Ce fut après l'arrivée de ces honorables citoyens que reparut Jacquard.

(3) Ce brevet est du 2 nivose an IX de la répu-
blique une et indivisible, signé Chaptal, ministre de
l'intérieur par intérim. Il y est dit : « Quoique depuis
» long-temps on ait fabriqué à Lyon des étoffes bro-
» chées et façonnées, on n'était pas encore venu à
» faire disparaître les nombreuses imperfections qui
» embarrassaient le mécanisme des métiers de fa-
» brique.... Avec le nouveau métier, on peut se
» passer d'un tireur de lacs (espèce de machine hu-
» maine qui tirait péniblement des ficelles, et qu'au

» moyen d'un ressort, Jacquard suppléa ainsi qu'une
» infinité de cordes).

» Si quelques hommes d'un génie inventif ont pré-
» senté des moyens propres à suppléer au tireur de
» lacs, si ces moyens furent admis en théorie, là
» pratique les rejeta bientôt, parce qu'ils étaient
» trop compliqués, qu'ils ne pouvaient être d'usage
» que dans un petit nombre de cas, que leur appli-
» cation exigeait des avances que les ouvriers étaient
» incapables de faire, etc. etc. » Suivent l'exposé des
avantages de cette machine et sa description.

On ajoute « que le citoyen Jacquard a consacré
» plusieurs années à de longs efforts et à de pénibles
» recherches pour atteindre à ce résultat. »

Et l'on viendra nous dire que Jacquard eut, par
hasard, une inspiration, à la vue d'une machine ou-
bliée de Vaucanson, et que, hors de là, *c'était un
artisan ordinaire!* Jacquard, homme de génie et sans
lettres, avait inventé sa machine, qu'il ne connaissait
peut-être pas encore le nom de Vaucanson. Il trouva
cette machine comme Newton trouva le système du
monde *parce qu'il y avait beaucoup pensé.*

(4) Le Journal de Lyon et du Midi, N.º 4, 21 nivose
an XI, qui était alors rédigé par M. Delandines, dit :
« Un artiste de cette ville imagina, *il y a une vingtaine
» d'années*, un mécanisme propre à suppléer, dans
» la fabrication des étoffes façonnées, l'ouvrier appelé
» *tireur de lacs*, etc.... Le même artiste a fait depuis
» peu, pour le même objet, une machine bien su-
» périeure à la première, soit par la simplicité des
» procédés, soit par les effets qu'on en obtient.
» L'auteur, voulant en faire hommage au gouverne-
» ment, a exécuté, en petit, un métier pour la

» fabrique des étoffes, auquel est adapté son nou-
» veau mécanisme. — Cet ouvrage se voit chez l'au-
» teur, le citoyen Jacquard, rue de la Pêcherie, au
» coin de la place de la Platière.

    » Nous sommes persuadés que c'est, pour les
» artistes que les circonstances présentes (la Consulta
» cisalpine) ont amenés dans notre ville, un véritable
» service, que de leur indiquer un objet digne de
» leurs regards, et d'autant plus recommandable
» qu'en portant fort loin l'économie et la facilité de
» la main-d'œuvre, il semble créé tout exprès pour
» seconder les vues bienfaisantes du premier Consul
» à cet égard.

    » Le comte Chaptal, ministre de l'intérieur, a
» visité l'École centrale, l'École vétérinaire, le
» Jardin de botanique, dirigé par le citoyen Gilibert,
» *et l'atelier du citoyen Jacquard.* »

    (5) Un problème de mécanique dont un mécani-
cien supérieur, tel que Jacquard, ne put saisir entièrement la solution, n'est peut-être pas insoluble ;
il est probable que Jacquard approcha de cette solution, et peut-être devrait-on diriger de nouvelles
recherches vers ce but. Si quelqu'un voulait l'entre-
prendre, il trouverait chez M. Barret, libraire, pa-
rent et héritier de Jacquard, le métier inventé par le
grand mécanicien, pour fabriquer des filets de pêche.

    (6) J'ai fait observer que Jacquard avait produit sa
machine admirable trois ans avant qu'il eût pu voir,
à Paris, le métier Vaucanson; ce métier n'ayant
jamais, je ne dis pas fonctionné, mais même paru à
Lyon, ni ailleurs qu'à Paris. Il y aurait de l'analogie
entre les deux machines, que l'on ne pourrait dire

que l'auteur de la seconde n'ait pas pu la créer sans avoir eu connaissance de la première. Ce ne serait pas pour la première fois que deux hommes supérieurs auraient pu se rencontrer, à l'insu l'un de l'autre. Le système de Vaucanson, qui n'eut jamais même un commencement d'exécution, avait pour but de substituer des bêtes de somme aux fabricans d'étoffes de soie, tant unies que façonnées. Comme il ne dissimula pas ce projet, il y eut grand soulèvement parmi les ouvriers, et la vie du savant académicien fut menacée.

Au reste, si Vaucanson n'introduisit aucun changement dans la fabrique de la soierie proprement dite, il n'en fut pas de même du moulinage des soies, dans le Midi, qui lui dut d'importantes améliorations. Il est vrai aussi qu'on lui fut redevable d'une machine pour le laminage des étoffes de soie, d'or et d'argent. Cette machine fut établie à Lyon en 1754; mais elle est suppléée avec le plus grand succès par la machine Jacquard. Cette dernière suffit pour la fabrication des étoffes les plus chargées d'or et d'argent, telles que celles dont on fait les ornemens d'églises les plus pompeux.

On veut, à toute force, que Vaucanson ait eu le principal mérite dans la révolution industrielle immense que nous devons à Jacquard. Cependant voici comment s'exprimait, sur le célèbre académicien, Roland de la Platière, inspecteur-général des manufactures :

« Ce peu d'empressement des entrepreneurs de » manufactures à en faire usage (des machines de » Vaucanson) semble prouver que M. Vaucanson a » plus travaillé en mécanicien qui cherche à se faire » admirer des savans, qu'en artiste qui doit être

» utile aux fabriques. Si la perfection a été son but,
» il paraît n'avoir compté pour rien les dépenses,
» les retards, les longueurs, les réparations. Ce n'est
» pas calculer au profit des arts. » (*Encyclopédie
méthodique, sciences et arts, l. 2, p. 157.*)

(7) On assure que Napoléon, en signant, à Berlin,
son décret du 27 octobre 1806, relatif à Jacquard,
dit : *En voilà un qui se contente de peu.* Jacquard lui
avait été présenté toutes les fois qu'il avait traversé
nos murs, soit comme empereur, soit comme premier consul. Il l'avait toujours accueilli avec bonté ;
mais il ne lui avait pas, quoi qu'on en ait dit et imprimé, accordé une pension de 6,000 fr., ni d'autres
récompenses. Il se contenta d'autoriser la ville à
traiter avec Jacquard pour l'achat de toutes ses inventions faites et à faire, et le montant de cette ces-
sion si prodigieuse était un chétif viager de mille écus.

(8) Les autres commissaires étaient MM. Loyer et
Jambon. — « Nous n'insisterons pas, dit le Rappor-
» teur, sur un descriptif qui exigerait d'avoir les
» pièces sous les yeux, ou au moins le développe-
» ment figuré du jeu et des principales parties qui
» constituent ce nouveau mécanisme dont l'utilité ne
» peut manquer d'être sentie, et qui accélérera une
» réforme qui doit fixer chez nous une concurrence
» que l'application dispendieuse des moyens ordi-
» naires finirait par nous enlever. Nous ne raison-
» nons ici que sur des effets qui nous paraissent tels,
» qu'il n'est aucun genre de perfection dans le tissu
» façonné qu'on ne puisse se promettre. »

(9) « Les machines, a dit Chaptal, qui remplacent
aujourd'hui la main de l'homme, dans presque toutes

les opérations de l'industrie manufacturière , ont opéré une grande révolution dans les arts; depuis leur application, on ne peut plus calculer les produits par le nombre des bras employés, puisqu'elles décuplent le travail ; et l'étendue de l'industrie du pays est aujourd'hui en raison du nombre des machines et non de la population.

» Des personnes peu éclairées craignent toujours que l'emploi des machines n'enlève le travail à une grande partie des ouvriers qui sont employés dans la fabrique. On a dû éprouver les mêmes craintes , lorsqu'on a découvert la charrue et l'imprimerie ; mais, en remontant à l'origine des arts pour en suivre les progrès jusqu'à nous, on voit que la main de l'homme s'est constamment armée de machines , qu'on a perfectionnées peu à peu , et que la prospérité de l'industrie a toujours été proportionnée à ces améliorations.. . . . . Il n'est pas au pouvoir d'une nation , qui veut avoir une industrie manufacturière, de ne pas adopter les machines dont on se sert ailleurs : elle ne pourrait ni faire aussi bien , ni vendre au même prix , et, dèslors, elle perdrait sa fabrication. C'est donc aujourd'hui un devoir que de les employer, et l'avantage reste à celui qui a les meilleures.

» Nous sommes loin encore d'avoir, en France, cette profusion de machines qu'on voit en Angleterre. Dans ce dernier pays , on les emploie à tous les travaux, on y remplace partout la main de l'homme par des mécaniques ; les pompes à feu sont le mobile de toutes les opérations dans les ateliers ; et cependant une grande partie de la population y vit de l'industrie manufacturière. » (*De l'industrie française* (1819), *tome* 2.)

C'est principalement sur l'industrie cotonnière que s'exerce, en Angleterre, la puissance des machines.

M. Arlès Dufour, fort habile industriel de notre ville, depuis peu de retour d'Angleterre, dont il était allé explorer l'industrie, nous donne, dans un excellent Mémoire sur les fabriques étrangères de soieries, des documens sur l'objet qui nous occupe. « En 1830, dit-il, on évaluait à plus de 36 millions sterling (900 millions de notre monnaie) la valeur de tous les articles coton manufacturés en Angleterre. On porte généralement à *plus d'un million le nombre des agens de cette industrie.* » (Un million d'agens pour l'industrie cotonnière de l'Angleterre! et l'on viendra nous dire que les machines tendent à supprimer les bras humains !) On porte à 50 millions sterling (*un milliard quatre cent millions de francs*) le capital engagé.

« On peut aussi, c'est M. Arlès Dufour qui parle,
» apprécier ses étonnans progrès (de l'industrie co-
» tonnière) par l'accroissement de la population de
» quelques villes du Lancashire, berceau de cette
» industrie.

» En 1774, Manchester avait 41,000 habitans.

» Et en 1831 (en 57 ans) ... 187,000.

» Mais les progrès de Liverpool, l'entrepôt géné-
» ral des cotons en laine et aussi des cotons filés de
» ces provinces, sont encore plus extraordinaires :
» en 1700, sa population n'était que de 5,145 âmes ;
» en 1770, elle était de 34,000 ; en 1801, de 79,653 ;
» en 1821, de 118,972, et en 1831, de 165,175 habi-
» tans. »

Et l'on viendra nous dire que l'industrie animée par des machines, paralysant les bras, tend à diminuer, à faire disparaître les populations ! Il serait

3.

facile de prouver qu'il y a plus de bras occupés à faire les nouvelles machines, qu'il n'y en avait à mouvoir les anciennes.

Au reste, les Anglais sont bien loin de consommer chez eux tous les produits de leur industrie cotonnière; ils en exportent annuellement pour des sommes incalculables dans toutes les parties de l'univers; ils en envoient dans l'Indoustan, pays dont ils tirent principalement la matière première de leurs manufactures cotonnières. Les Indous travaillent avec art, depuis quatre mille ans, cette matière; ils en font des toiles peintes qui, sous le nom d'*indiennes*, se répandaient dans toute l'Europe. — La journée d'un Indou équivaut à deux sous et demi de notre monnaie. Eh bien, le croirait-on? les Anglais sont parvenus à vendre, avec bénéfice, aux Indous qui leur avaient fourni le coton, des toiles de coton filées, tissées, peintes sur les bords de la Tamise. C'est que les Indous ont leurs bras, et les Anglais des machines. Les Anglais ont encore des machines à vapeur pour coudre les draps, les linges, la peau, faire des souliers, des fers à cheval, imprimer des journaux à dix mille exemplaires par heure. Ces machines font l'ouvrage de plus de cent millions de bras; il en existe une, dans le comté de Cornwailles, dont la force égale celle de mille chevaux. — Eh bien, malgré la force et la rapidité de ces machines, la population ouvrière de la Grande-Bretagne, au lieu de diminuer, a pris un grand accroissement.

C'est un fait acquis : plus les machines se multiplient dans un pays et plus elles se perfectionnent, plus s'accroît la population ouvrière.

En quel pays de l'Europe les machines sont-elles le plus nombreuses et le plus puissantes? c'est en

Angleterre. En quelle contrée le sont-elles le moins ?
c'est en Italie.

En Italie, 100 cultivateurs pour 3i individus étrangers à la culture.

En Angleterre, 110 cultivateurs pour 200 individus
qui ne cultivent pas.

Et cependant le sol anglais est bien mieux cultivé
que le sol italien.

(10) Une étoffe est dite façonnée quand, semblable
à un tableau, elle offre des arabesques, des fleurs,
des paysages, des groupes de personnages, des ornemens de toute espèce. Souvent, alors, aux fils de
soie se combinent des fils d'or, d'argent, de lin, de
duvet, etc.

Les premières étoffes façonnées, connues en Europe, furent des tapis et des tapisseries ; cette industrie vint d'Orient, du temps des croisades ; elle s'éta-
blit d'abord dans les Pays-Bas, et fut appelée en
France par Henri IV. Elle brille aux Gobelins et à la
Savonnerie, non loin de la capitale, ainsi qu'à Au-
busson, département de la Creuse. A cette industrie,
comme à toutes les autres du tissage, s'adapte la machine Jacquard.

Le damas est aussi une étoffe façonnée, pour meu-
bles, dont le nom annonce l'origine. Ce tissu fut imité
à Lyon, dès le commencement du 16.e siècle, par
Daugnon. Cet habile fabricant inventa une étoffe façonnée, de soie, tramée laine ou fil, qu'il nomma
lampas. Quant à la soierie pure façonnée, on y tra-
vailla à Tours peut-être avant de s'en occuper à Lyon.
M. l'intendant d'Herbigny disait, en 1799 :

« Le travail des petites étoffes façonnées est pro-
» prement le caractère particulier de la fabrique de

» Tours ; on y excelle dans la nuance des couleurs,
» et Lyon n'y réussit pas si bien. »

Les choses ont bien changé. Qu'est devenue la
manufacture de Tours, jadis rivale de celle de Lyon ?

C'est à un dessinateur lyonnais, Jean Revel, qu'on
doit, pour la fabrication du façonné, le procédé ingénieux nommé *mise en carte*. Au moyen de ce procédé, un dessin est jeté par son auteur, ou tout autre
artiste, sur une carte où sont tracées des lignes
noires, les unes verticales, les autres horizontales, dont le nombre, la grosseur et la distance entre
elles ont été rigoureusement calculés ; et ces lignes
sont en harmonie parfaite avec les fils de la chaîne et
ceux de la trame de l'étoffe à exécuter, et, par suite,
d'une indication exprimée en disant qu'on *lit le
dessin*, et d'autres combinaisons qui résultent du
mécanisme de la machine, et auxquelles l'ouvrier
n'a d'autre part que le jet des navettes et le foulage
des pédales ; il voit, à mesure qu'il tisse, se repro-
duire le dessin avec ses formes, ses contours, ses
couleurs, et dans des proportions différentes.

Les métiers chargés de produire cette merveille
étaient jadis lourds, embarrassés, compliqués, et
d'un volume à encombrer les ateliers ; ils se détra-
quaient souvent, ils avaient fréquemment besoin
d'être remontés, et cette opération exigeait un ouvrier
spécial, qui n'était pas disponible toutes les fois qu'il
était nécessaire ; d'où résultaient de nombreuses et
longues suspensions d'activité, nommées *chomage*.
Ce n'est pas tout : il fallait, pour mettre en mouvement ces lourdes machines, non seulement un façonnier, mais encore un ou deux tireurs de lacs. On
devait lire le dessin pour chaque métier, et ces opérations étaient fatigantes.

Jacquard est venu avec une machine de tissage pour le façonné, expéditive, puissante, économique, facile à manier, n'exigeant qu'une action de lire pour chaque dessin, quel que soit le nombre des épreuves, et fussent-elles exécutées à longues distances *du liseur*, et cette machine occupe peu d'espace.

Les principaux élémens de ce mécanisme sont :

1.º La combinaison de deux mouvemens, l'un de rotation, l'autre de va et vient, sur un plan horizontal, imprimé à un arbre carré, improprement nommé *cylindre*, et placé au haut de l'appareil.

2.º L'existence d'un certain nombre de trous sur ce cylindre, qui correspondent à des broches de fer, aiguilles horizontales, qui sont mouvantes et rangées d'après des numéros.

3.º La correspondance de ces aiguilles avec des crochets perpendiculaires, ou morceaux de fils de fer recourbés des deux côtés, et destinés à soulever des cordes qu'on appelle *arcades*, et qui sont destinées à soutenir les maillons ou anneaux où sont passés les fils de la chaîne, dans l'ordre indiqué par le dessin.

4.º Enfin, le mouvement des cartons percés de trous, suivant l'ordre du lisage, que les liseuses présentaient jadis l'un après l'autre au façonnier ; et qui, dans le mécanisme Jacquard, roulent par la seule impulsion du moteur général (le foulage de la pédale).

A la faveur de ces combinaisons, les fils constitutifs de l'étoffe façonnée se réunissent ou se séparent, sont dirigés ou détournés, arrivent à leur tour, et le dessin éclot derrière la navette du tisseur.

Falcon, je le sais, avait imaginé les cartons troués suivant l'ordre du lisage des dessins. Et Vaucanson avait proposé, dans le même ordre, un cylindre percé de trous ; il ne donnait à ce cylindre qu'un mouvemen de rotation, et il croyait qu'une bête de somme suffisait pour imprimer ce mouvement. Le métier de Falcon marchait lourdement ; celui de Vaucanson fut abandonné sans retour presqu'aussitôt qu'essayé ; l'autre ne fonctionna jamais.

Jacquard ajouta à la rotation de Vaucanson, que probablement il avait devinée plutôt que vue, le va et vient qui en assure le succès ; il trouva le moyen de faire marcher d'eux-mêmes les cartons à la suite les uns des autres. Quant au système des aiguilles et des crochets, qui jouent un grand rôle dans sa mécanique, on ne saurait le lui disputer.

Lorsqu'apparut la machine Jacquard, les métiers Vaucanson et Falcon ne figuraient dans l'industrie lyonnaise que pour mémoire ; on tissait les façonnés d'après les anciens systèmes ; on exécutait péniblement des dessins fort courts, sauf à les répéter sans cesse. On peut, dans le nouveau système, et il suffit pour cela de multiplier les cartons, produire des tableaux entiers à grandes dimensions. N'avons-nous pas vu des ouvrages de notre Genod reproduits avec toutes leurs beautés dans la superbe manufacture de MM. Mathevon et Bouvard frères ? et le testament du roi martyr n'a-t-il pas été, dans les beaux ateliers de M. Maisia, écrit, au moyen de la navette, avec une pureté, une correction, une élégance qui ne le cèdent en rien aux plus belles épreuves typographiques de Didot ? ayant imité en cela la méthode inventée par ses honorables devanciers, MM. Mathevon et Bouvard frères, qui ont le mérite de cette belle initiative.

(11) On ne peut pas non plus nous enlever les avantages de notre climat ; écoutons ce que dit, à ce sujet, M. l'abbé Bertholon, dans un ouvrage sur le

commerce et les manufactures distinctives de la ville
de Lyon, couronné par l'Académie de cette ville,
en 1786.

« Si nous ajoutons (à ce qui a été dit) les avan-
» tages d'un climat remarquable par sa douceur, sa
» température, la succession régulière des saisons,
» dont l'action ne produit jamais ces variations su-
» bites, ces effets impétueux qu'on remarque dans
» des contrées moins favorisées par la nature, nous
» aurons une nouvelle cause de la prospérité du
» commerce et des manufactures distinctives de
» Lyon. Si l'influence du climat sur les esprits est
» égale à celle qu'il a sur les corps, un climat for-
» tuné, une heureuse température, des sites agréa-
» bles, une campagne délicieuse, une terre féconde,
» seront toujours singulièrement propres à seconder
» l'industrie et à faire germer les arts.

» C'est pour jouir de l'agréable température de ce
» beau climat que le peuple de cette cité, dans ces
» jours qu'on appelle jours de fêtes, et qui le sont
» doublement pour ces sensibles habitans, sort de
» son enceinte pour être témoin, et toujours avec un
» nouveau plaisir, du riant spectacle qu'offrent les
» campagnes charmantes et pittoresques des envi-
» rons de cette ville. Le dessinateur puise dans cette
» source du beau ces formes heureuses, ces couleurs
» variées, ces teintes brillantes, ces nuances admi-
» rables qu'il sait fondre sur nos étoffes avec un art
» presque divin. Ce sexe charmant dont le goût est
» si exquis, qui cultive l'art de Procné, s'instruit,
» sans presque y songer, dans celui d'assortir les
» couleurs et les teintes selon l'espèce des objets que
» la broderie doit imiter. Un sentiment plus profond,
» un instinct plus sûr, des sens plus parfaits, des

» sensations plus vives le secondent merveilleuse-
» ment, et sous ses doigts délicats naissent des lys,
» des roses, et mille beautés qui le disputent à la
» nature même. Il faut avoir parcouru les ateliers de
» l'industrie, visité les fabriques et tout ce qui y a
» rapport, pour sentir à quel point les manufactures
» de Lyon ont porté l'imitation de la belle nature.
» . . . .

» Pensez-vous que jamais les beaux arts, ni les
» arts d'industrie puissent s'acclimater sous le ciel
» brûlant de la torride ou parmi les frimats du Nord?
» D'un côté, les chaleurs accablantes qui énervent
» le corps et l'âme ; de l'autre, les rigueurs du froid
» qui engourdissent, étouffent le génie et l'industrie.
» Transportez même, si vous croyez mieux réussir,
» l'industrieux et infatigable Lyonnais sous le ciel
» brûlant de l'Afrique ; placez-le sous la ligne, ou
» seulement dans l'enceinte que forment les tropi-
» ques, ou bien au milieu des glaces du Nord, bien-
» tôt vous verrez son génie s'anéantir, son activité
» changée en une molle indolence, ou dans une tor-
» peur léthargique. Non, l'industrie, mère des arts,
» ne pourra ni naître, ni se conserver dans ces con-
» trées de feu, ni dans ces régions hyperborées où
» règnent les noirs frimats et que le souffle cruel des
» aquilons ravage presque continuellement. En vain
» le czar descend de son trône, parcourt l'Europe
» entière, et ramène à sa suite, comme en triomphe,
» les arts pour les transplanter dans ses états. Ces
» germes exotiques, destitués de la chaleur vivifiante
» d'un heureux climat, périssent bientôt au milieu
» des glaces de la Russie, sans pouvoir se repro-
» duire ; semblables à ces plantes étrangères ou à ces
» animaux que l'on ne conserve que pour annoncer

» le luxe des princes, et qui meurent sans donner
» une postérité, même dégénérée, tant est grande
» l'influence du climat sur les productions de la na-
» ture et des arts. La beauté du climat où est située
» la ville de Lyon, cette douce température qui y
» règne pendant la plus grande partie de l'année,
» justement éloignée des ardeurs dévorantes du Midi
» et des rigueurs cruelles des aquilons, doit donc
» être comptée au nombre des principes de l'activité
» et de l'industrie, source féconde de l'activité du
» commerce et des manufactures de cette cité célèbre.
» Du principe dont nous venons de parler en ré-
» sulte un qui n'est pas moins efficace, c'est le génie
» particulier des habitans de cette ville, soit qu'il
» dépende immédiatement du climat, soit qu'il soit
» le fruit de l'éducation, de l'exemple et d'une longue
» habitude des arts, ce génie propre à cette cité
» existe, c'est un fait constant dont nos annales font
» foi. L'activité, l'industrie, l'amour des arts, le
» goût du travail, un tact fin, un sentiment exquis
» du beau, l'ont toujours caractérisé, et il sera per-
» pétuellement regardé comme un modèle en ce
» genre, etc. »
« Grâces à l'heureuse influence de la peinture sur
» les arts d'industrie commerciale, a dit M. de Cha-
» zelles, notre commerce en objets de goût a pris sur
» celui de nos rivaux un ascendant devant lequel
» toute concurrence est forcée de céder. »
« Le dessin, a dit Roland de la Platière, semble
» avoir pris naissance à Lyon; il semble s'y com-
» plaire, croître, varier, s'y multiplier, s'embellir
» comme dans son air natal: aussi tombe-t-il en lan-
» gueur lorsqu'on veut le dépayser, et tout ce qu'on
» peut faire de mieux ailleurs, est d'abandonner la

» création des dessins à l'imagination fécondé et
» riche des Lyonnais, et de copier ceux-ci. Mais,
» comme la plupart des choses de goût sont l'ou-
» vrage du caprice et du moment, et souvent le ré-
» sultat d'une fougue, l'imagination tardive altère
» plutôt qu'elle n'entretient l'illusion, et la mauvaise
» exécution éteint l'imagination.....

» Lyon, par la nouveauté, la fraîcheur et l'élé-
» gance des dessins, sera long-temps la dominatrice
» comme l'exécutrice des étoffes du grand genre et
» de toutes celles de goût. »

Passant sous silence les talens bien reconnus de
nos teinturiers, est-il vrai, comme on l'a dit si souvent, que l'une des causes de la supériorité de nos
teintures, et par conséquent de la suprématie de
notre industrie, dépende des qualités des eaux tant
de la Saône que du Rhône ? Nous ne croyons pas
cette cause aussi puissante, à beaucoup près, que
celles que nous avons signalées.

Quoi qu'il en soit, en exportant une machine on
n'exporte pas l'industrie pour laquelle on l'a créée ;
d'ailleurs, et c'est ce qui arrive à l'égard de celle de
Jacquard : il a fallu du temps pour savoir la fabriquer, la raccommoder, et l'on n'y est pas encore
parvenu entièrement. Dans cet intervalle, nous la
perfectionnons, et la suprématie nous reste même
pour les étoffes unies, à plus forte raison pour les
façonnées.

(12) Un phénomène du même genre, quoique
moins étonnant, vient d'éclater au milieu des sillons
de l'agriculture : un valet de ferme, comme Jacquard,
sans lettres, a inventé le meilleur de tous les instru-
mens aratoires. Un jeune paysan a résolu un pro-

blème que de hautes Académies avaient en vain proposé aux méditations des savans : Grangé a trouvé le
moyen de produire plus d'effets en employant moins
d'efforts de tirage , et fatigant beaucoup moins les
hommes et les animaux, allégeant ainsi le travail des
laboureurs, comme Jacquard a allégé celui des ouvriers tisseurs. Il semble que , pour humilier l'orgueil
de la science, la Providence se plaise quelquefois à
faire germer dans des cerveaux incultes les découvertes les plus utiles. Ce n'est pas sir Richard Arkwregt
qui a inventé, en Angleterre, la fameuse machine à
travailler le coton (*the Spinning Jenny*) , mais un
charpentier du Lancashire , nommé Hargraves. Était-
il un savant du premier ordre , un profond chimiste,
ce Bernard de Palissi à qui la fabrication des porce-
laines et des émaux dut de si grands perfectionne-
mens ?

C'est, sans doute, à la science que nous sommes
redevables de la vis sans fin , des horloges, de la
brouette; mais qui nous a donné la scie , la lime et
le cric ?.....

(13) M. le docteur Monfalcon trace ainsi le portrait
du Canut, dans un ouvrage qui a obtenu , à juste
titre , un prix de la fondation Monthyon :

« Un teint pâle , des jambes grêles ou bouffies, des
» chairs molles et frappées d'atonie , et une stature
» généralement au-dessous de la moyenne , telle
» était, il y a trente ans, la constitution physique
» ordinaire aux ouvriers en soie lyonnais. Il y avait
» dans la physionomie de l'ancien satinaire une ex-
» pression remarquable de bonhomie et de simplicité.
» L'accent de sa voix, dans la conversation , était
» singulièrement lent et monotone. Aujourd'hui en-

» core la taille des tisseurs manque souvent de pro-
» portions régulières; ils ont une allure qui les fait
» aisément reconnaître lorsque, aux jours de repos,
» l'habit de dimanche les confond avec les autres
» artisans; on les distingue au développement inégal
» du corps, à leur démarche incertaine et entière-
» ment dépourvue d'aisance. . . . .

» Considéré sous les rapports moraux, l'ancien
» ouvrier en soie était doux, docile, très attaché à
» ses préjugés, son intelligence paraissait extrême-
» ment bornée; sauf les exceptions, un habitant de
» l'Océanie possédait un nombre d'idées plus grand
» et savait les combiner avec plus d'habileté...........

» ..... Les habitudes physiques de ces artisans sont
» devenues de jour en jour moins saillantes, et le
» temps n'est pas éloigné où elles ne seront connues
» que par la tradition. On rencontre néanmoins quel-
» quefois dans les rues les moins fréquentées du
» quartier St.-Georges, de petits vieillards à l'habit
» écourté et orné d'énormes boutons de métal, aux
» jambes grêles qu'entourent, d'une enveloppe lâche
» et plissée, de gros bas à côtes, mal assujétis par
» la classique culotte courte en velours coton, aux
» chairs molles et pendantes, au visage empreint
» d'une naïve bonhomie, et à l'accent singulière-
» ment plat et traînant, qu'on appelle l'accent lyon-
» nais. Ces tisseurs sont des rares exagérations de
» l'ancien ouvrier en soie. *Encore quelques années,*
» *et ce type aura cessé d'exister.* »

En rendant facile le travail, jadis si fatigant, du
tissage, Jacquard a beaucoup amélioré le sort des
tisseurs. Les autres causes qui ont concouru à faire
disparaître cette race si triste et si chétive, que le
dédain avait qualifiée du nom de *canut*, sont : des

habitations plus salubres, des habitudes moins con-
traires à l'hygiène, plus de ressort dans le caractère,
et peut-être une meilleure nourriture. Serait-il vrai
que le sort si digne d'intérêt de nos ouvriers en soie
se soit beaucoup amélioré depuis cinquante ans? Voici
le triste tableau qu'en présentait, en 1787, M. l'abbé
Bertholon :

« Si ce peuple d'ouvriers continue de vivre dans
» la plus étroite nécessité, nous craignons de voir
» ce grand corps de la fabrique de Lyon, tout robuste
» et tout puissant qu'il est, périr bientôt d'inanition.
» En effet, quelle vie que celle d'un ouvrier fabri-
» cant ! toujours il devance le lever de l'aurore, et
» prolonge ses travaux bien avant dans la nuit, pour
» pouvoir, par la longueur du temps, compenser la
» modicité des salaires insuffisans. Pendant les trois-
» quarts de la journée, *il est cloué sur un métier*
» *dont l'exercice est mille fois plus pénible, par la*
» *position du corps, que celui d'aucune autre posi-*
» *tion;* aussi, ne parvient-il jamais à une vieillesse
» avancée; on assure même que jamais ouvrier n'a
» été fils et petit-fils d'ouvrier. La plus modique sub-
» sistance les soutient, et on peut dire qu'ils mangent
» moins pour vivre que pour ne pas mourir. Quel-
» qu'un a dit que nulle part on ne pouvait établir des
» manufactures comme à Lyon, parce qu'il faudrait
» trouver ailleurs des gens qui ne mangeassent ni ne
» dormissent comme à Lyon. La famille entière est
» logée, ou plutôt resserrée, dans un appartement
» étroit dont l'air est nécessairement chargé de mias-
» mes que fournit la transpiration ; de là plusieurs
» maladies qui en sont la suite, et qui souvent les
» forcent d'aller dans les hôpitaux pour y chercher
» moins des secours qu'un moyen prompt d'être plus

» tôt délivrés d'une triste et pénible existence. Quelle
» vie ! »

La vie de nos tisseurs si dignes d'intérêt n'est, sans
doute, pas heureuse (je parle de ceux qui travaillent
sur l'uni) ; cependant, elle est loin d'être aussi triste
que celle de leurs devanciers, et nous en avons d'autres preuves que le témoignage de M. l'abbé Bertholon.

(14) Il me racontait qu'un jour, un somptueux
équipage s'arrêta devant la porte de sa maisonnette ;
la clochette sonne avec fracas, lui-même accourt
pour ouvrir. Une voix anglaise se fait entendre : *Vas
annoncer à monsir Jacquard lord ..... — C'est moi
qui suis Jacquard. — Vous, monsir Jacquard ? —
Oui, Milord.* — Et le pair de la Grande-Bretagne,
le chapeau jusqu'à terre, balbutie des excuses, s'indigne ensuite, à grand bruit, contre un pays qui
laisse en un pareil état un homme tel que Jacquard.
*— Eh ! Milord, je suis content de mon sort, je n'en
demande pas d'autre.*

Il me disait encore qu'ayant, par ordre ministériel,
apporté à Paris son métier à fabriquer les filets de
pêche, ainsi que les produits qu'il en avait obtenus,
une Commission de la Société d'encouragement pour
l'industrie nationale fut nommée pour l'examen de
cette machine. Jacquard s'y présenta pour l'expli-
quer. On s'attendait à voir un mathématicien, un
savant, et il n'eut pas plus tôt proféré quelques paroles
qu'on lui dit : *Mon ami, allez chercher votre maître,
il nous dira cela mieux que vous. — Mais, Messieurs. c'est moi qui suis Jacquard, l'auteur de cette
mécanique.* — On lui tend un fauteuil, on l'écoute,
et on est étonné de le comprendre.

. Jacquard, cet homme plus que naïf et presque tri-
vial et *canut* dans le commerce ordinaire de la vie,
s'animait en parlant mécanique industrielle; ses yeux
alors brillaient, tous les traits de son visage prenaient
un caractère expressif, l'accent de sa voix changeait,
et il était capable d'une heureuse improvisation; tel
il s'est montré, plus d'une fois, dans des discussions
de la Société royale d'agriculture, histoire naturelle
et arts utiles de Lyon, et dans celles de la Société
d'encouragement pour l'industrie nationale.

Rien n'égalait son mépris pour la considération que
donnent le luxe, la dépense, la représentation. Quoi-
qu'il fût bien convaincu que tout autre, avec beaucoup moins de services rendus à l'industrie, eût pu
arriver à une fortune millionnaire, il vécut content
d'un viager de mille écus et de l'usufruit d'une maisonnette et d'un jardinet. Encore trouva-t-il, après
avoir survécu à sa femme, le moyen d'économiser,
sur un si chétif revenu, quelques milliers de francs,
pour les laisser tant à un neveu qu'à sa vieille domestique. Sans cette considération, qu'il regarda comme
un devoir, il n'eût pas laissé de quoi se faire enterrer.
Virtute duce, comite fortuna. Vieille devise de Lyon,
dont l'un de ses plus nobles enfans n'adopta que la
première moitié.

Après avoir vécu avec une parcimonie exiguë,
Jacquard a laissé quelques milliers de francs; tels ne
furent pas ses illustres devanciers dans la grande
fabrique lyonnaise.

Claude Daugnon, inventeur des étoffes damacées
nommées *lampas*, exploita avec grands bénéfices un
privilége exclusif (1608).

Octavio Mey, ou May, qui découvrit, par hasard,
'art de lustrer la soie (1655), rétablit ses affaires,

qui étaient tombées dans le plus déplorable état, et il laissa une grande fortune.

Jean-Baptiste Garon qui, en rendant moins embrouillés les métiers à la tire, pour les façonnés, préluda à la grande découverte de Jacquard (1733), devint millionnaire.

Jean Revel, auteur de l'ingénieux procédé de la mise en carte que le hasard lui avait inspirée (1740), exploita avec grand succès d'argent son heureuse découverte. Deux dessinateurs, ses contemporains, durent à leurs crayons une belle fortune. L'un d'eux, Ringuet, substitua la représentation de fleurs naturelles à des plantes fantastiques qu'on fesait, sans choix et sans mesure, sur les plus riches étoffes. L'autre, nommé Courtois, avait trouvé l'art de la dégradation des couleurs et du clair et obscur.

Philippe Lassale, mécanicien profond et habile dessinateur, qui, ayant prolongé son honorable carrière jusqu'en 1804, a pu être témoin des premières découvertes de Jacquard, a trouvé, dans la fortune comme dans la gloire, la juste récompense de ses travaux et de ses succès. Nous ne dirons rien des contemporains ni des successeurs de Jacquard : on sait que tous ont adopté, dans toute son étendue, la devise lyonnaise : *Virtute duce, comite fortunâ.*

(15) J'ai parlé des tribulations de Jacquard, et je ne les ai pas toutes exposées. Je n'ai pas dit qu'en 1804, le métier modèle, qui était conservé au Palais des Arts, en fut extrait pour être brûlé sur la place des Terreaux; que plusieurs chefs d'atelier démontèrent les métiers à la Jacquard qui leur avaient été confiés, et en vendirent les matériaux, comme vieux fers, vieilles cordes, bois à brûler.

Les ouvriers les plus acharnés contre la machine nouvelle étaient naturellement les façonniers, petits tyrans d'ateliers qui commandaient despotiquement les tireurs et les tireuses de lacs, les liseurs et les liseuses, les cordiers et les remonteurs de métiers; ils exprimaient leurs ordres par des sons inarticulés, comparables à ceux qui, auprès des guimbardes provençales, annoncent, précèdent ou accompagnent les coups de fouet. Leur salaire était très considérable en comparaison de celui des ouvriers subalternes. On en voyait, les dimanches et souvent les lundis, dans les promenades, en habit noir et l'épée au côté. Les façonniers ont pardonné difficilement à une machine qui avait mis fin à cette espèce d'aristocratie.

Un jour, un chef d'atelier à qui Jacquard avait remis sa machine, le cita pardevant le tribunal des prud'hommes, pour se voir condamner à payer une certaine somme, en indemnité de perte de temps et de matière gâtée pour fabriquer une étoffe façonnée qui ne pouvait l'être avec le susdit métier. Les prud'hommes prononcèrent contre Jacquard; mais celui-ci obtint la suspension de l'exécution du jugement jusqu'à ce qu'il eût fourni la preuve que ledit métier pouvait fonctionner d'une manière satisfesante. Il fonctionna en effet, et ce fut entre les mains de Jacquard lui-même, qui exécuta, au Palais St.-Pierre, toutes les portes ouvertes, et en présence d'un grand nombre d'intéressés et de curieux, l'étoffe façonnée jugée inexécutable par son métier. Les prud'hommes révoquèrent leur jugement.

Il est à remarquer que cette expérience authentique eut lieu avant que Berton eût introduit quelques changemens à la machine qui, du reste, n'ont rapport qu'au lisage. D'où l'on doit conclure que c'est bien à tort qu'on a dit que, sans Berton, la machine n'eût pas marché.

Le meilleur des hommes parlait, sans la moindre amertume, des tracasseries, des vexations, des injustices dont sa longue carrière avait été semée. Cependant, sur ses dernières années, la réminiscence de ces événemens troublait son sommeil : il voyait des bûchers consumant des monceaux de sa machine ; il entendait les hurlemens des ouvriers ameutés contre sa vie; il se réveillait en sursaut, pardonnait à ses ennemis, et priait Dieu pour eux.

Jacquard, en ce temps-là, sentant que sa mort n'était pas loin, lisait ou se fesait lire par sa vieille domestique des méditations sur la mort. Plus que dans les temps antérieurs, il était assidu aux exercices de sa paroisse, et il pratiquait exactement les préceptes du catholicisme.

« Qu'il était beau, a dit sur sa tombe, le respec-
» table pasteur d'Oullins, M. Betz, qu'il était beau
» de voir ce vieillard venir courber ses cheveux
» blancs aux pieds des autels de J. C., et satisfaire,
» comme un faible enfant, au devoir, en apparence,
» le plus rigoureux de la religion (la confession au-
» riculaire) avec une foi et une piété dignes des
» temps heureux de la primitive Église !

» Qu'il était beau d'entendre sortir de la bouche
» de ce vénérable vieillard les paroles de pardon
» pour les ennemis jaloux de sa gloire, et qui tant
» de fois avaient cherché à paralyser les efforts de
» son génie ! Aussi sa mort a-t-elle été aussi douce
» que sa vie.

» Témoin de ses derniers instans, comme il nous

» instruisait par ses réflexions justes et saintes sur
» l'inconstance et la brièveté de nos jours ! avec
» quelle sérénité de confiance, quelle simplicité de
» langage, il nous entretenait du passage du temps à
» l'éternité, si effrayant pour tant d'autres ! Qu'il
» repose en paix, cet homme simple, juste et bon,
» en attendant que nous nous réunissions avec lui
» dans le sein de Dieu. »

Un tel homme dut accepter avec reconnaissance
et sans orgueil les tardifs succès qu'il a recueillis. Il
vit, mais seulement à la restauration, sa machine
adoptée avec honneur par l'industrie lyonnaise. L'i-
nitiative de cette adoption appartient à MM. Depouilly
et Schirmer. La voix de ses amis de la capitale, De
Gérando, Molard, Costaz; celle de ses amis de Lyon,
Eynard, Gensoul, Saunier, prévalurent contre les
cris de ses ennemis. Il fut reconnaissant envers les
uns, il oublia les autres. La croix de la Légion-
d'Honneur, qu'il honora bien plus qu'il n'en fut ho-
noré, vint se placer sur sa glorieuse poitrine.

Sur ses derniers jours, Lyon songea, un peu tar-
divement, à lui déférer une distinction : elle chargea
le plus habile de ses peintres (M. Bonnefonds) de
tracer son portrait, et ce bel ouvrage, déposé au
Musée lyonnais, retracera à la postérité les traits de
l'une de nos illustrations les plus vénérables. On
parle de lui ériger un monument; une souscription a
été ouverte. On eût pu croire qu'en peu de temps
elle eût été couverte : on était en droit de penser
que les riches offrandes des *fabricans* et les nombreuses oboles des *ouvriers* se cumuleraient pour
l'érection de ce monument. Prévision déchue. Plus
de deux ans se sont écoulés, et la somme nécessaire

pour l'érection d'un monument patriotique est encore
exiguë, et elle se compose en grande partie de dons
étrangers.

C'est que la postérité n'a pas encore commencé,
dans sa ville natale, pour Charles-Marie Jacquard.

Nota. Jacquard a reçu de quelques biographes les prénoms
de *Joseph-Marie*, d'autres lui ont donné ceux de *Charles-
Joseph*; nous sommes autorisés par les documents de famille
à lui laisser ceux que nous lui avons attribués.

FIN.

www.ingramcontent.com/pod-product-compliance
Lightning Source LLC
LaVergne TN
LVHW022039080426
835513LV00009B/1140